NEUES NÄHEN
aus alten Sachen

NEUES NÄHEN
aus alten Sachen

KREATIVE UPCYCLING-IDEEN

Inhalt

Tasche mit Bambushenkeln	6	Bahnenrock aus Vorhangstoff	18
Jeanstasche im Retro-Look	8	Witzige Sommerkleid-Schürze	20
Laptoptasche aus Friesennerz	10	Fröhliche Steckenpferde	22
Kosmetiktasche aus Knopfleisten	12	Hängerchen aus Mamas Kleid	24
Haarband aus Opas Krawatte	14	Bedrucktes Kindershirt	26
Weiche Strickpulli-Stulpen	16	Babybadetuch mit Kapuze	28

Patchwork-Kinderbettwäsche	30	Kuschelweiche Sofakissen	42
Niedliches Mausemäppchen	32	Verzierte Tischdecke	44
Vasen mit Lieblingsmuster	34	Nadelkissen oder Dekoblüte	46
Windlicht mit Spitzenborte	36	Wäschebeutel für die Reise	48
Schönes Küchen-Utensilo	38		
Praktische Aufbewahrung	40		
		Schnittmuster	50
		Modell- und Bildnachweis	64

Tasche mit Bambushenkeln

SCHWIERIGKEITSGRAD: GRÖSSE: *40 cm x 48 cm*

Das brauchen Sie:

SCHNITTMUSTER S. 50/51

- 1 alter Kapuzenpullover in Pink
- 1 alte Bluse oder Hemdblusenkleid, geblümt
- 1 altes Hemd in Pink-Weiß, kariert oder Baumwollstoff als Futter, 1 m breit, 70 cm lang
- 2 Bambushenkel, Ø 26 cm
- farblich passendes Garn

SO WIRD'S GEMACHT:

Zuschneiden

aus Kapuzenpullover (Vorderteil mit Tasche):
1 x Vorderseite im Bruch, inkl. 1 cm Nahtzugabe;

aus Kapuzenpullover (Rückteil):
1 x Rückseite im Bruch, inkl. 1 cm Nahtzugabe;

aus Kapuzenpullover (Kapuze):
2 x Oberteil im Bruch, inkl. 1 cm Nahtzugabe;

aus Bluse oder Hemdblusenkleid:
1 x Rückseite im Bruch; 2 x Oberteil im Bruch, inkl. 1 cm Nahtzugabe, Knopfleiste als Verzierung mit etwas Nahtzugabe zum Aufnähen, 13 cm lang;

aus Baumwollstoff:
1 x Vorderseite im Bruch; 2 x Rückseite im Bruch, inkl. 1 cm Nahtzugabe

1 Die Vorderseiten rechts auf rechts entlang des Tascheneingriffs nähen. Die Nahtzugabe einschneiden und die Kante bügeln. Die Vorderseite entsprechend der Ansatzmarkierung knappkantig auf die geblümte Rückseite steppen. Die Rückseiten rechts auf rechts legen und steppen; die obere Kante bleibt offen. Das Futter ebenfalls rechts auf rechts schließen, dabei zusätzlich zur oberen Kante eine Wendeöffnung im unteren Bereich offen lassen.

2 Ein Stück der Blusenknopfleiste mittig auf eines der Oberteile als Verzierung nähen. Die oberen Kanten der Oberteile je mit einem geblümten Teil rechts auf rechts steppen und umbügeln. Die kurzen Seiten 1 cm nach innen bügeln. Die Bambushenkel zwischen die Stofflagen legen und mit 3 cm Abstand absteppen, dann die kurzen Seiten knappkantig aufeinandernähen. Den letzten Zentimeter aussparen.

3 Die Oberteile in Pink rechts auf rechts an die oberen Kanten der Tasche nähen, die geblümten Teile ebenfalls rechts auf rechts an das karierte Futter nähen. Hierfür durch die Wendeöffnung greifen. Zuletzt die Wendeöffnung mit einigen Handstichen schließen.

TASCHEN, ACCESSOIRES & MODE

Jeanstasche im Retro-Look

SCHWIERIGKEITSGRAD:

GRÖSSE: *50 cm x 65 cm*

Das brauchen Sie:

SCHNITTMUSTER S. 52/53

- 2 alte Jeanshosen
- 1 alte Jacke oder Hose mit aufgesetzten Taschen
- Bettlaken oder Baumwollstoff, farblich passend, 1,10 m breit, 70 cm lang
- farblich passendes Garn

SO WIRD'S GEMACHT:

Zuschneiden

aus den hinteren Hosenbeinen:
4 x Jeansbeutel, inkl. 1 cm Nahtzugabe
(falls die Hosen zu klein sein sollten, das Schnittmuster etwas verkleinern)

aus Bettlaken oder Baumwollstoff:
4 x Jeansbeutel, inkl. 1 cm Nahtzugabe

aus Jacke oder Hose:
1–2 aufgesetzte Taschen abtrennen oder mit kleiner Stoffzugabe ausschneiden

1 Die aufgesetzten Taschen auf dem Jeansstoff platzieren und entweder im Zickzackstich knappkantig aufsteppen oder entlang der ursprünglichen Naht nähen.

2 Die Mittelnähte der Jeanstasche rechts auf rechts schließen. Die Nähte doppelt absteppen. Die Jeansbeutelteile rechts auf rechts legen und entlang der äußeren Kante nähen. Die kurzen Trägerkanten zusammennähen.

3 Die gleichen Arbeitsschritte bei der Futtertasche ausführen; die Absteppungen der Mittelnähte sind optional. In der äußeren Naht im unteren Bereich eine Wendeöffnung lassen. Die beiden Taschen ineinanderschieben, durch die Wendeöffnung greifen und Stück für Stück die runde Eingriffkante verstürzen. Die Lagen rechts auf rechts durch die Wendeöffnung ziehen und jeweils von der Mittelnaht bis zur oberen Naht nähen. Die Nahtzugabe einschneiden und bügeln. Zuletzt die Wendeöffnung mit einigen Handstichen schließen.

Laptoptasche aus Friesennerz

SCHWIERIGKEITSGRAD:

GRÖSSE: *entsprechend Ihres Laptops*

Das brauchen Sie:

SCHNITTMUSTER S. 53

- 1 alter Friesennerz
- 1 altes Friesenhemd in Dunkelblau-Weiß gestreift oder Baumwollstoff, 90 cm breit, 60 cm lang
- Plastikreißverschluss in Dunkelblau, 50 cm lang
- Wattevlies, 90 cm breit, 60 cm lang
- Bügeleinlage, mittelstark, 15 cm x 15 cm
- 2 D-Ringe in Silber, 4 cm breit
- 2 Karabiner mit Aufhängung in Silber, 4 cm lang
- Nylonband in Dunkelblau, 4 cm breit, 1,50 m lang
- farblich passendes Garn

SO WIRD'S GEMACHT:

Zuschneiden

aus dem Vorderteil mit aufgesetzter Tasche des Friesennerzes:
1x Taschenvorderseite, Breite des Laptops + 2 cm Nahtzugabe + 3 cm Spiel x Länge des Laptops + 2 cm Nahtzugabe + 3 cm Spiel (alle vier Ecken leicht abgerundet)

aus dem Rückteil des Friesennerzes:
1x Taschenrückseite, wie Maße der Vorderseite;
1x Boden, Umfang Taschenvorderseite mit 1 cm Abstand zur Außenkante, von diesem Maß 50 cm (Reißverschlusslänge) abziehen und 2 cm Nahtzugabe addieren. Die Breite des Bodens richtet sich nach der Höhe des Laptops + 1 cm Nahtzugabe + 1 cm Spiel; 2 x seitliches Reißverschlussteil, 52 cm x Bodenbreite (2 + 1 cm Nahtzugabe – 0,5 cm für den Reißverschluss)

aus Friesenhemd oder Baumwollstoff:
alle Schnittteile aus Friesennerz auflegen und identisch ausschneiden; 1x Ankerapplikation

aus Wattevlies:
alle Schnittteile aus Friesennerz auflegen und identisch ausschneiden

aus Bügeleinlage: 1x Ankerapplikation

1 Die Ankerapplikation mit Bügeleinlage verstärken. Auf der Vorderseite oberhalb der aufgesetzten Tasche platzieren und im Knopflochstich knappkantig aufsteppen.

2 2 x 8 cm Nylonband abschneiden, um je einen D-Ring legen und die Enden im Zickzackstich zusammennähen. Für den Träger 1,28 m Nylonband abschneiden, die Karabiner durchziehen, das Ende je 3 cm umschlagen und im Zickzackstich steppen. Vorab prüfen, ob der Träger die richtige Länge für Ihre Körpergröße hat.

3 Die seitlichen Reißverschlussteile aus Friesennerz rechts auf rechts an den Reißverschluss nähen. Die kurzen Seiten des Bodens aus Friesennerz rechts auf rechts an die kurzen Seiten des Reißverschlussteils nähen, dabei das Nylonband mit dem D-Ring einfassen. Den Reißverschluss öffnen und Vorder- und Rückseite rechts auf rechts in den Boden einsetzen.

4 Das Wattevlies knappkantig auf die linke Seite der Futterteile steppen. Die seitlichen Reißverschlussteile an einer langen Kante je 1 cm nach innen bügeln und die kurzen Seiten an den Boden nähen. Mittig entsteht eine Lücke für den Reißverschluss. Vorder- und Rückseite in den Boden einsetzen.

5 Das Futter in die Tasche stecken und entlang der Reißverschlusskante mit einigen Handstichen an der Reißverschlussnahtzugabe fixieren.

TASCHEN, ACCESSOIRES & MODE **13**

Kosmetiktasche aus Knopfleisten

SCHWIERIGKEITSGRAD:

GRÖSSE: *30 cm x 22 cm*

Das brauchen Sie:

- 5–6 alte Blusen und Hemden
- beschichtete Baumwolle oder Wachstuch, 52 cm breit, 32 cm lang
- Plastikreißverschluss, 30 cm lang
- farblich passendes Garn

SO WIRD'S GEMACHT:

Zuschneiden

Die Knopfleisten mit je 1 cm Nahtzugabe von Blusen oder Hemden abschneiden. Es kann sowohl die Seite mit Knöpfen als auch die Seite mit den Knopflöchern verwendet werden.

2 x Reißverschlussblende:
3 cm breit, 3,5 cm lang, inkl. 1 cm Nahtzugabe

1 Die Knopfleisten in der gewünschten Reihenfolge nebeneinanderlegen. Die Nahtzugabe unter die folgende Knopfleiste schieben. Die Knopfleisten so anordnen, dass die gesamte Fläche 32 cm breit ist. Dann die Leisten beidseitig knappkantig aneinandersteppen. Die Länge der Fläche auf 52 cm kürzen.

2 Die Reißverschlussblenden rechts auf rechts über und unter das Reißverschlussende legen und mit 1 cm Zugabe über das Reißverschlussende nähen. Die Stoffstücke nach hinten klappen. Den Reißverschluss an die kurzen Seiten der Knopfleistenfläche nähen.

3 Den Reißverschluss öffnen und die Seitennähte des Beutels rechts auf rechts schließen. Die unteren Ecken übereck zusammenlegen und mit 4 cm Abstand von der Spitze abnähen, sodass ein Boden entsteht.

4 Für das Futter den Baumwollstoff oder das Wachstuch falten und rechts auf rechts die Seitennähte steppen. Auf einer Seite mittig eine Wendeöffnung lassen. Die Ecken wie oben beschrieben abnähen. Das Futter rechts auf rechts auf den Reißverschluss legen und möglichst in der bereits vorhandenen Naht steppen. Anschließend durch die Wendeöffnung wenden und diese mit einigen Handstichen schließen.

Haarband aus Opas Krawatte

SCHWIERIGKEITSGRAD:

GRÖSSE: *6 cm x 50 cm Umfang (elastisch)*

Das brauchen Sie:

- 1 klassische Seidenkrawatte
- Gummiband, 3 cm breit, 20 cm lang
- farblich passendes Garn
- Sicherheitsnadel

SO WIRD'S GEMACHT:

Zuschneiden

aus dem schmalen Teil der Krawatte:
30 cm lang (im zugenähten Zustand 3 cm breit)

aus dem breiten Teil der Krawatte:
Die Krawatte an der Stelle, an der sie 4,5 cm breit ist, durchschneiden, 34 cm abmessen und erneut abschneiden. An der breitesten Stelle sollte das abgeschnittene Stück 5–6 cm breit sein.

1 Die rückseitige Naht der beiden Krawattenstücke auftrennen. Die Einlage aus dem schmalen Krawattenteil entfernen. Die beiden kurzen Seiten 4,5 cm nach innen bügeln. Die rückseitige Naht mit kleinen Handstichen wieder schließen. Das Gummiband mithilfe einer Sicherheitsnadel durchziehen. Beide Gummibandenden mit der Nähmaschine fixieren.

2 Die Einlage des breiten Krawattenstücks entnehmen und diese mittig an der breitesten Stelle falten. Die Längskanten so zuschneiden und begradigen, dass die kurzen Seiten 4,5 cm breit sind. Die dünne und die dicke Einlage wieder auf der Krawatte platzieren. Jetzt die dünne Einlage sowie die Seide der Krawatte um die dicke Einlage herumbügeln. Die oben liegende Kante der Seide nach innen schlagen.

3 Das überzogene Gummiband rechts auf rechts mittig auf die kurzen Seiten des vorderen Teils legen. Die Rückseite ist dabei zur Seite geklappt. Nun das überzogene Gummiband bei 1 cm mit der Nähmaschine an die Krawatte nähen. Anschließend die Rückseite der Krawatte wieder in die vorgebügelte Form klappen. Die Rückseite mit Handstichen schließen. Dabei das Ende des Gummibandes und die Nahtzugaben nach innen schlagen.

TASCHEN, ACCESSOIRES & MODE   17

Weiche Strickpulli-Stulpen

SCHWIERIGKEITSGRAD:

GRÖSSE: *11 cm x 33 cm*

Das brauchen Sie:

(PRO PAAR STULPEN)

- 1 alter Strickpulli
- 1 alte Trainingsjacke für die Bündchen oder gekaufte Bündchen, 80 cm breit, 10 cm lang
- farblich passendes Garn

1 Die kurzen Seiten der vier Bündchen je rechts auf rechts mit 1 cm Nahtzugabe im Zickzackstich oder mit der Overlockmaschine parallel zu den Strickrippen steppen, sodass vier Ringe entstehen. Die Bündchen falten, sodass die Nahtzugabe innen liegt.

2 Die Ringe über das Ende bzw. den Anfang des Ärmels stülpen. Das Bündchen liegt auf der Außenseite des Ärmels, alle offenen Kanten liegen direkt übereinander. Das Bündchen an den Ärmel nähen, eine evtl. Überweite des Ärmels gleichmäßig einhalten. Anschließend im Zickzackstich oder mit der Overlockmaschine ringsherum nähen. Das Bündchen leicht spannen, um die Überweite einzunähen, ohne dass Falten entstehen. Das Bündchen umklappen und vorsichtig in Form bügeln.

SO WIRD'S GEMACHT:

Zuschneiden

aus Strickpulli:
Falls Sie ein neues Bündchen ansetzen möchten, das Pulloverbündchen abschneiden. Die Ärmelbreite sollte zwischen 9 cm und 14 cm liegen und kann nach oben breiter auslaufen. Das Ärmelstück sollte 25 cm lang sein.

aus Trainingsjacke oder Bündchen:
je 2-mal 21 cm x 10 cm und 16 cm x 10 cm, inkl. 1 cm Nahtzugabe. Beim Zuschneiden darauf achten, dass die Strickrippen des Bündchens parallel zur kurzen Seite verlaufen. Bei einer Trainingsjacke können Sie sowohl die Ärmelbündchen, als auch das Saumbündchen verwenden. Die angegebene Länge bezieht sich auf die aufgeklappten Bündchen.

TASCHEN, ACCESSOIRES & MODE

Bahnenrock aus Vorhangstoff

SCHWIERIGKEITSGRAD:

GRÖSSE: *53 cm lang, Taillenumfang 72 cm (Größe S), 78 cm (Größe M), 84 cm (Größe L)*

Das brauchen Sie:

SCHNITTMUSTER S. 54/55

- 1 alter Vorhang aus leichtem Baumwollstoff, 110 cm breit, 165 cm lang
- 1 Nahtreißverschluss, farblich passend, 22 cm lang
- Schrägband, farblich passend, 1 cm breit, 74 cm lang (S), 80 cm (M) oder 86 cm (L)
- 1 Haken, 1 Auge
- farblich passendes Garn

SO WIRD'S GEMACHT:

Zuschneiden

aus Baumwollstoff:
6 x Rockbahn im Bruch, inkl. 1 cm Nahtzugabe

1 Alle Rockbahnen an den langen Kanten im Zickzackstich oder mit der Overlockmaschine versäubern. Die Stoffbahnen an den langen Seiten 1 cm breit rechts auf rechts zusammensteppen. Nur die letzten beiden Kanten offen lassen. Anschließend die Nahtzugaben auseinanderbügeln.

2 Den Reißverschluss geöffnet rechts auf rechts auf die noch offenen Kanten des Rocks legen. Möglichst nah an den Reißverschlusszähnchen in der Rille feststeppen. Den Reißverschluss schließen und den Rest der Strecke unterhalb des Reißverschlusses zusammennähen.

3 Den Saum im Zickzackstich oder mit der Overlockmaschine versäubern, anschließend 7 mm nach innen bügeln und absteppen.

4 Das Schrägband um die obere Rockkante nähen, Anfang und Ende nach innen schlagen. Haken und Auge oberhalb des Reißverschlusses mit einigen Handstichen annähen.

TASCHEN, ACCESSOIRES & MODE 21

Witzige Sommerkleid-Schürze

SCHWIERIGKEITSGRAD:

GRÖSSE: *44 cm x 50 cm*

Das brauchen Sie:

- 1 altes Sommerkleid, evtl. mit Knopfleiste
- Spitzenborte, 3 cm breit, 85 cm lang
- Bügeleinlage, mittelstark, 44 cm breit, 14 cm lang
- farblich passendes Garn

SO WIRD'S GEMACHT:

Zuschneiden

Erst mit einem Maßband prüfen, ob die unten empfohlene Aufteilung des Zuschnitts zu den Maßen des Kleids passt. Evtl. die Schnittteile neu aufteilen oder, falls Ihr Kleid zu wenig Stoff bietet, einen zweiten Stoff für Binde- oder Taillenband hinzunehmen.

aus Sommerkleid:
1 x Schürze (mittig aus dem Vorderteil über die Seitennaht bis ins Rückteil), 70 cm breit, 50 cm lang, inkl. 1 cm Nahtzugabe;
1 x Taillenband (oberes Rückteil), 44 cm x 14 cm, inkl. 1 cm Nahtzugabe;
2 x Bindebänder (restliches, unteres Rückteil), je 60 cm x 14 cm, inkl. 1 cm Nahtzugabe;
1 x Tasche (oberes Vorderteil), 17 cm x 17 cm, inkl. 1 cm Nahtzugabe

1 Die Tasche mittig falten und die unteren Ecken leicht gerundet abschneiden. Die Kanten der Tasche im Zickzackstich oder mit der Overlockmaschine versäubern. Die Kante 1 cm nach innen, die obere Kante zweimal 1 cm nach innen bügeln. 17 cm Spitzenborte abschneiden. Die Spitzenborte auf die obere Kante der Tasche nähen, die Enden werden nach hinten geschlagen. Die Tasche knappkantig auf der Schürze, 15 cm von der oberen Kante und 10 cm von der Seite entfernt, nähen.

2 Die seitlichen Kanten sowie die untere Kante der Schürze je zweimal 1 cm nach innen bügeln und absteppen. Die restliche Spitzenborte an den Saum nähen, die Enden nach hinten schlagen. Entlang der oberen Kante zwei Kräuselfäden setzen und die Schürze auf 42 cm Breite raffen.

3 Die Bindebänder rechts auf rechts der Länge nach mittig falten und je eine der kurzen Seiten abschrägen. Entlang der abgeschrägten Kante und der langen Seite absteppen, umstülpen und bügeln.

4 Das Taillenband mit Bügeleinlage verstärken. Dann der Länge nach mittig rechts auf rechts falten. Je ein Bindeband an den kurzen Seiten zwischen die Lagen stecken und mit 1 cm Zugabe absteppen. Anschließend wenden und bügeln. Eine der noch offenen Kanten des Taillenbands 1 cm nach innen bügeln.

5 Das Taillenband mit der ungebügelten Kante rechts auf rechts an die obere, geraffte Kante der Schürze nähen. Die Nahtzugaben in das Taillenband bügeln und die untere, noch offene Kante mit einer knappkantigen Steppung von außen schließen.

SCHÖNES FÜR KINDER

Fröhliche Steckenpferde

SCHWIERIGKEITSGRAD:

GRÖSSE: *46 cm x 25 cm (ohne Besenstiel)*

Das brauchen Sie:

SCHNITTMUSTER S. 55 (PRO PFERD)

- 1 Wollsocke in einer großen Größe
- 1 Wollknäuel in Pink oder Blau und in Braun meliert für die Mähne und das Halfter
- 2 Knöpfe in Schwarz oder Braun, 2 cm Durchmesser
- Baumwollstoff in Pink oder Blau mit weißen Punkten, 40 cm breit, 15 cm lang
- Wattevlies, 20 cm breit, 15 cm lang
- Filzrest in Pink oder Braun, 5 cm x 6 cm (ggfs. zusätzlich Wollrest in Braun)
- Füllwatte
- 1 Polsternadel
- farblich passendes Garn
- 1 Besenstiel

SO WIRD'S GEMACHT:

Zuschneiden

aus Baumwollstoff, gepunktet:
4 x Ohr, inkl. 7 mm Nahtzugabe

aus Wattevlies:
2 x Ohr, inkl. 7 mm Nahtzugabe

aus Filzrest:
2 x Nüstern

1 Die Ohren rechts auf rechts legen, das Wattevlies darauflegen und feststeppen, die untere Kante bleibt offen. Die Nahtzugabe der Ohren zurückschneiden, die Ohren umstülpen und bügeln.

2 Die Socke fest mit Füllwatte ausstopfen. Ohren und Nüstern mit einem Wollfaden und der Polsternadel aufnähen. Das Ohr an der einen Seite leicht einschlagen. Die Kanten mit gleichmäßigen Stichen umstechen.

3 Möglichst 2–3 lange Wollfäden in die Polsternadel fädeln, die Mähne in gleichmäßigen Schlaufen nähen. Die Schlaufen aufschneiden und jeweils mehrere Enden miteinander verknoten. Diesen Vorgang wiederholen, bis die Mähne dicht genug ist.

4 Die Augen annähen. 12 Wollfäden zu je 2,50 m Länge abschneiden, die Enden verknoten und in drei Strängen mit je vier Fäden zu einer langen Schnur flechten. Die Enden verknoten. Die Schnurmitte hinter den Ohren in der Mähne ansetzen. Beidseitig Richtung Nüstern führen und mit einem feinen Faden und einigen Handstichen auf die Socke nähen. Oberhalb der Nüstern die Schnur einmal oberhalb einmal unterhalb des Kopfes entlangführen. Ab diesem Punkt das Schnurende jeweils als Zügel lose nach hinten legen und die Enden verknoten.

5 Den Besenstiel in die Socke stecken, das Sockenende mit einem Wollfaden fest umwickeln und verknoten.

SCHÖNES FÜR KINDER

Hängerchen aus Mamas Kleid

SCHWIERIGKEITSGRAD:

GRÖSSE: *80/86, 92/98 oder 104/110*

Das brauchen Sie:

SCHNITTMUSTER S. 56/57

- 1 altes Sommerkleid, mit möglichst weitem Rock 2 x mindestens 60 cm breit, 75 cm lang
- Baumwollstoff, gepunktet, für den Besatz, 90 cm breit, 35 cm lang
- farblich passendes Garn

SO WIRD'S GEMACHT:

Zuschneiden

aus dem Sommerkleid (z. B. aus Vorder- und Rückteil):
2 x Vorder-/Rückteil im Bruch, inkl. 1 cm Nahtzugabe

aus Baumwollstoff (Besatz als separates Schnittteil aus dem Schnittmuster kopieren):
2 x Besatz Vorder-/Rückteil im Bruch, inkl. 1 cm Nahtzugabe

1 Seitliche Nähte von Vorder- und Rückteil rechts auf rechts schließen. Ebenfalls die Seiten der Besätze zusammennähen. Die Nähte sowie die untere Kante des Besatzes im Zickzackstich oder mit der Overlockmaschine versäubern und umbügeln.

2 Den Besatz rechts auf rechts an die oberen Kanten des Kleides – Halsausschnitte, Schleifenspitzen und Armausschnitte – nähen. Die Nahtzugabe an den Rundungen ein- und an den Spitzen zurückschneiden. Das Kleid wenden und alle Kanten bügeln. Auf den Nahtzugaben und dem Besatz knappkantig absteppen. Die Naht verriegeln, wenn Sie nicht weiter zu den Spitzen gelangen. Alternativ kann auch von außen durch beide Stofflagen genäht werden.

3 Die untere Kante zweimal 1 cm nach innen bügeln und den Saum absteppen. Die Schleifenspitzen entsprechend der Größe Ihres Kinds verknoten.

Bedrucktes Kindershirt

SCHWIERIGKEITSGRAD:

GRÖSSE: *entsprechend des Kindershirts*

Das brauchen Sie:

- 1 Kindershirt
- Schrägband, gemustert, ca. 1,00 m
- 1 Stempel oder 1 Schablone
- 1 Pinsel
- Textilfarbe
- farblich passendes Garn

SO WIRD'S GEMACHT:

1 Die Ärmel des Shirts knapp unter der Naht abschneiden. Das Schrägband um die Kante legen und knappkantig aufsteppen, dabei am Achselpunkt beginnen. Das Ende über den Anfang legen und die offene Kante knapp einschlagen.

2 Ein dickes Papier zwischen Vorder- und Rückteil legen, damit die Stofffarbe nicht durchdrückt. Nun in den gewünschten Abständen den Stoffdruck aufstempeln. Die Ränder evtl. mit einem feinen Pinsel nacharbeiten. Viele Textilfarben müssen nach dem Trocknen durch Bügeln fixiert werden, dafür ein Bügeltuch auf den Druck legen.

SCHÖNES FÜR KINDER 29

Babybadetuch mit Kapuze

SCHWIERIGKEITSGRAD:

GRÖSSE: *70 cm x 70 cm*

Das brauchen Sie:

SCHNITTMUSTER S. 57

- 1 Badetuch aus Frottee, 70 cm breit, 1,40 m lang
- Schrägband, rot gepunktet, 1 cm breit, 2,90 m lang
- Webband mit Fliegenpilzen, 1 cm breit, 55 cm lang
- 1 Filzrest in Rot, 15 cm x 15 cm
- 1 Filzrest in Weiß, 10 cm x 10 cm
- farblich passendes Garn

SO WIRD'S GEMACHT:

Zuschneiden

aus Badetuch:
1 x Quadrat, 70 cm x 70 cm;
1 x Dreieck für die Kapuze, 35 cm x 35 cm x 50 cm
4 x Ohr, inkl. 5 mm Nahtzugabe

aus Filz in Rot:
1 x Pilz (siehe Schnittmuster)

aus Filz in Weiß:
1 x Pilzstiel, 3 x Punkt (siehe Schnittmuster)

1 Die lange Kante der Kapuze 3 cm nach oben bügeln, die überstehenden Ecken abschneiden. Das Webband über die eingeklappte Kante legen und knappkantig aufsteppen. Die Punkte auf dem Pilz platzieren und rundum im Knopflochstich aufnähen. Dann den Pilz und den Pilzstiel auf die Kapuze legen und ebenfalls im Knopflochstich aufnähen.

2 Das Kapuzendreieck auf eine Ecke des Badetuchs legen. Alle vier Ecken des Quadrats gleichmäßig abrunden. Das Kapuzendreieck knappkantig auf das Badetuch steppen. Das Schrägband um die Außenkante legen und feststeppen, das Ende nach innen schlagen.

3 Je zwei Ohren aufeinanderlegen und zusammennähen, die untere Kante bleibt offen. Die Ohren umstülpen und bügeln. Die Ohren je 13 cm von der Ecke entfernt im Zickzackstich unterhalb des Schrägbands entlang der offenen Kante aufnähen.

SCHÖNES FÜR KINDER

Patchwork-Kinderbettwäsche

SCHWIERIGKEITSGRAD:

GRÖSSE: *Kissen 60 cm x 40 cm, Decke 1 m x 1,40 m*

Das brauchen Sie:

- ca. 15 alte Kindershirts (wenn Vorder- und Rückseite genutzt werden)
- 1 Bettbezug (1,40 m breit, 2 m lang) und 1 Kissen (80 cm x 80 cm) oder Baumwollstoff, gepunktet, 1,40 m breit, 2,10 m lang
- Bügeleinlage, mittelstark, 90 cm breit, 1,80 m lang
- 2 Nahtreißverschlüsse, farblich passend, 30 cm und 60 cm lang
- farblich passendes Garn

SO WIRD'S GEMACHT:

Zuschneiden

Ein Schnittmuster aus festem Papier (22 cm x 22 cm) anfertigen. Parallel zum Maschenlauf des Jerseys zuschneiden.

aus 15 Shirts:
29 Quadrate, 22 cm x 22 cm, inkl. 1 cm Nahtzugabe

aus Bügeleinlage:
29 Quadrate, 22 cm x 22 cm, inkl. 1 cm Nahtzugabe

aus Baumwollstoff, gepunktet:
1 x Rückseite Decke, 1,42 m x 1,02 m;
2 x Streifen für die Decke, 22 cm x 1,02 m;
1 x Rückseite Kissen, 42 cm x 62 cm;
2 x Streifen für das Kissen, 11 cm x 42 cm,
inkl. 1 cm Nahtzugabe

1 Die zugeschnittenen Shirts mit Bügeleinlage verstärken. Alle Stoffstücke im Zickzackstich oder mit der Overlockmaschine versäubern. Für die Decke 5 x 5 Stoffquadrate, für das Kissen 2 x 2 Stoffquadrate in beliebiger Anordnung zu Streifen mit exakt 1 cm Zugabe rechts auf rechts zusammennähen. Die Nahtzugaben auseinanderbügeln. Der Jersey sollte sich nicht verziehen; alle Nähte vorher abstecken!

2 Die Fünfer- bzw. Zweierstreifen an den Längskanten zusammennähen, sodass eine Fläche von insgesamt 1,02 m x 1,02 m bzw. 42 cm x 42 cm entsteht. Vorab unbedingt alle Nähte heften, damit keine Versätze entstehen.

3 Die Streifen für die Decke an die obere und untere Seite nähen, für das Kissen werden sie an der rechten und linken Seite angebracht. Die Nahtzugaben bügeln.

4 Den langen Reißverschluss geöffnet mittig rechts auf rechts auf die unteren Kanten der Vorder- und der Rückseite der Decke stecken. Für das Kissen den kurzen Reißverschluss an die linke Seite von Vorder- und Rückseite stecken. Nun in den Rillen möglichst nah an den Reißverschlusszähnchen steppen. Anschließend den Reißverschluss ein Stück schließen und die Kanten von Decke und Kissen mit 1 cm Nahtzugabe rechts auf rechts steppen. Decke und Kissen umstülpen und bügeln.

Tipp

Falls Sie nicht genügend Shirts haben, die Sie zerschneiden möchten, können Sie die gepunkteten Streifen auch entsprechend größer zuschneiden.

SCHÖNES FÜR KINDER

Niedliches Mausemäppchen

SCHWIERIGKEITSGRAD:

GRÖSSE: *18 cm x 23 cm x 4 cm*

Das brauchen Sie:

SCHNITTMUSTER S. 58

- 1 altes Jeanshemd
- 1 alter Rock, gepunktet, oder Baumwollstoff, gepunktet, 1 m breit, 30 cm lang
- Bügeleinlage, mittelstark, 90 cm breit, 30 cm lang
- 1 Plastikreißverschluss in Rot, 25 cm lang
- 1 Kordel in Rot, mitteldick, 15 cm lang
- 2 Wackelaugen, Ø 1 cm
- Filzrest in Rot, 6 cm x 4 cm
- Wollrest in Rot
- farblich passendes Garn

SO WIRD'S GEMACHT:

Zuschneiden

aus dem Jeanshemd (z. B. Rückteil):
1 x Unterteil im Bruch; 2 x Oberteil ohne Bruch, inkl. 1 cm Nahtzugabe

aus dem Rock oder Baumwollstoff:
1 x Unterteil im Bruch; 1 x Seitenteil, 66 cm breit, 6 cm lang, inkl. 1 cm Nahtzugabe

aus Bügeleinlage:
1 x Unterteil im Bruch; 2 x Oberteil ohne Bruch; 1 x Seitenteil, 66 cm breit, 6 cm lang, inkl. 1 cm Nahtzugabe

aus Filzrest: 1 x Nase

1 Den Rock- oder Baumwollstoff mit Bügeleinlage verstärken. Die geraden Kanten der Oberteile im Zickzackstich oder mit der Overlockmaschine versäubern. Den Reißverschluss bei 5 mm an die Kanten steppen. Den Reißverschluss schließen und die Nase an die entsprechende Position stecken. Die Nase entlang der oberen Kante im Knopflochstich aufnähen. Das überstehende Reißverschlussende abschneiden.

2 Das Seitenteil rechts auf rechts an den kurzen Seiten zusammennähen. Die Naht versäubern. Das Seitenteil rechts auf rechts um das Oberteil der Maus nähen und die Nahtzugaben versäubern.

3 Das gepunktete Unterteil links auf links auf das Jeansunterteil legen, die beiden Teile ringsherum knappkantig aufeinandersteppen. Das Kordelschwänzchen auf der rechten Stoffseite platzieren. Den Reißverschluss öffnen und das Unterteil rechts auf rechts an die untere Kante des Seitenteils nähen. Die Naht im Zickzackstich oder mit der Overlockmaschine versäubern.

4 Die Wackelaugen aufkleben. Den Wollrest in sechs Teile schneiden und als Schnurrhaare durch den Stoff ziehen. Dort, wo der Faden aus dem Stoff tritt, einmal verknoten.

Vasen mit Lieblingsmuster

SCHWIERIGKEITSGRAD:

GRÖSSE: *ca. 25 cm hoch*

Das brauchen Sie:

SCHNITTMUSTER S. 58/59

- 1 altes Sommertop
- Bügeleinlage, mittelstark, 40 cm breit, 35 cm lang
- 1 Glasflasche oder alte Vase, ca. 24 cm hoch
- farblich passendes Garn

1 Den Stoff mit Bügeleinlage verstärken. Die Vasenhussen rechts auf rechts stecken und die seitlichen Kanten zusammennähen. Die Nahtzugaben an den Rundungen einschneiden.

2 Die untere und obere Kante im Zickzackstich oder mit der Overlockmaschine versäubern. Die Kanten entsprechend der markierten Umbruchlinie nach innen bügeln und absteppen.

SO WIRD'S GEMACHT:

Zuschneiden

aus Sommertop (z. B. aus Vorder- und Rückteil):
2 x Vasenhusse im Bruch, inkl. 1 cm Nahtzugabe

aus Bügeleinlage:
2 x Vasenhusse im Bruch, inkl. 1 cm Nahtzugabe

Tipp

Mithilfe eines Kopiergeräts können Sie das Schnittmuster auch für größere Gefäße oder Flaschen vergrößern. Sehr eindrucksvoll wirkt ein Vasenarrangement in unterschiedlichen Größen.

DEKORATIVES & NÜTZLICHES

Windlicht mit Spitzenborte

SCHWIERIGKEITSGRAD:

GRÖSSE: *18 cm hoch, 12 cm Durchmesser*

Das brauchen Sie:

SCHNITTMUSTER S. 60

- 1 alte Trachtenbluse mit Spitze
- 1 Häkeldeckchen, Durchmesser 8–10 cm
- Spitzenborte, 3 cm x 42 cm
- 1 Einmachglas, 18 cm hoch, 39 cm Umfang
- farblich passendes Garn

SO WIRD'S GEMACHT:

Zuschneiden

aus der Bluse (z. B. aus dem Rückteil parallel zur hinteren Mitte):
42 cm breit, 18 cm lang, 1 x Boden,
inkl. 1 cm Nahtzugabe

42 cm Spitzenborte abtrennen (ca. 3 cm breit)

kreisrunde Spitzenapplikation abtrennen

1 Die kreisrunde Spitzenapplikation mittig auf den Baumwollstreifen stecken und im kleinen Zickzackstich aufnähen. Danach den Baumwollstoff unter der Spitze knappkantig mit einer feinen Schere herausschneiden.

2 Die kurzen Seiten des Streifens rechts auf rechts mit 1 cm Nahtzugabe absteppen. Die Naht im Zickzackstich oder mit der Overlockmaschine versäubern und bügeln. Den Boden rechts auf rechts in die Stoffröhre einnähen. Die Naht ebenfalls versäubern.

3 Die obere Kante zweimal 5 mm nach innen bügeln und steppen. Die kurzen Seiten der Spitzenborte rechts auf rechts mit 1 cm Nahtzugabe zusammennähen und nach dem Bügeln knappkantig an die obere Kante des Windlichts nähen. Das Einmachglas einsetzen.

Schönes Küchen-Utensilo

SCHWIERIGKEITSGRAD:

GRÖSSE: *60 cm x 46 cm*

Das brauchen Sie:

SCHNITTMUSTER S. 61

- 2 alte Herrenhemden in Dunkelblau-Weiß bzw. Hellblau-Weiß kariert
- Schabrackeneinlage, 60 cm breit, 46 cm lang
- farblich passendes Garn

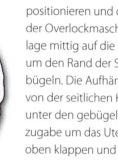

SO WIRD'S GEMACHT:

Zuschneiden

aus dem Rückteil von Hemd 1 (dunkelblau kariert):
48 cm x 62 cm, inkl. 1 cm Nahtzugabe

aus dem Vorderteil von Hemd 2 (hellblau kariert), inklusive Knopfleiste mit Knöpfen:
62 cm x 21 cm, inkl. 1 cm Nahtzugabe

aus dem Rückteil von Hemd 2 (hellblau kariert):
3 x Tasche, inkl. 1 cm Nahtzugabe

aus der Knopfleiste mit Knopflöchern von Hemd 2 (hellblau kariert):
2 x Knopfleistenbreite x 18 cm (darauf achten, dass die Knopflöcher von beiden abgeschnittenen Enden gleich weit entfernt sind)

1 Den unteren Teil des Utensilos auf dem großen Teil positionieren und die Kanten im Zickzackstich oder mit der Overlockmaschine versäubern. Die Schabrackeneinlage mittig auf die Rückseite bügeln, dann die Kanten um den Rand der Schabrackeneinlage nach innen bügeln. Die Aufhängerschlaufen mittig falten und 1 cm von der seitlichen Kante entfernt an der oberen Kante unter den gebügelten Umschlag stecken. Mit 1 cm Nahtzugabe um das Utensilo steppen. Die Schlaufen nach oben klappen und knappkantig steppen.

2 Die Fächer im unteren Teil des Utensilos in der gewünschten Größe parallel zur seitlichen Kante absteppen. Die Nähte je mit einem Riegel an der oberen Kante der Knopfleiste starten.

3 Die seitlichen und unteren Kanten der kleinen Taschen je 1 cm nach innen bügeln, die obere Kante zweimal entsprechend der markierten Umbruchlinie nach innen bügeln. Die obere Kante bei 2 cm absteppen. Die Taschen knappkantig auf das Utensilo steppen.

Tipp

Aufhängen können Sie das Utensilo an einer Stange, die durch beide Aufhängeschlaufen gesteckt wird, oder an den Knopflöchern der Schlaufen.

DEKORATIVES & NÜTZLICHES

Praktische Aufbewahrung

SCHWIERIGKEITSGRAD:

GRÖSSE: *80 cm x 56 cm*

Das brauchen Sie:

- ca. 5 alte Jeanshosen
- Jeansstoff für die Unterlage, ca. 90 cm breit, 60 cm lang (kann auch aus mehreren Hosenbeinen zusammengenäht werden)
- Bügeleinlage, mittelstark, 90 cm breit, 60 cm lang
- Ripsband in Pink, 1,5 cm breit, 2,60 m lang
- 1 Öse, Ø 1,1 cm
- farblich passendes Garn

SO WIRD'S GEMACHT:

Zuschneiden

Den Hosenbund plus 1 cm Zugabe von einer Jeans abschneiden. Die unteren Nähte der Gürtelschlaufen auftrennen.

Die Länge des Hosenbundes messen und 6 cm addieren (ca. 80 cm + 6 cm). Dies ergibt die Breite für die Unterlage. Die Höhe beträgt 60 cm.

aus Bügeleinlage:
wie Maße Unterlage

aus Jeanshosen:
ca. 7 Gesäßtaschen und 2 vordere Taschen, je mit kleiner Nahtzugabe

1 Die Unterlage mit Bügeleinlage verstärken. Die seitlichen und die untere Kante je 3 cm nach innen bügeln und absteppen. Die Breite der Unterlage sollte nun der des Hosenbundes entsprechen.

2 Die ausgeschnittenen Taschen auf der Unterlage platzieren und knappkantig in kleinem Zickzackstich aufnähen. Um zwei Taschen das Ripsband aufsteppen.

3 Den genieteten Hosenknopf mit einer Schere entfernen. In dem entstandenen Loch die Öse anbringen. Als zweite Aufhängung wird das vorhandene Knopfloch genutzt. Den Hosenbund mit 1 cm Untertritt auf die obere Kante des Utensilos nähen. Die Naht knapp unterhalb des Bundes setzen. Achten Sie auf evtl. Nieten; mithilfe des Handrads vorsichtig daran vorbeinähen. Anschließend das Ripsband beidseitig knappkantig auf die Naht steppen, dabei die offenen Enden der Gürtelschlaufen mit einfassen; die Enden des Bandes nach innen schlagen.

Tipp

Falls Ihre Nähmaschine nicht über die dicken Schlaufenenden näht, können Sie diese auch mit einigen Handstichen annähen oder komplett entfernen.

DEKORATIVES & NÜTZLICHES

Kuschelweiche Sofakissen

SCHWIERIGKEITSGRAD:

GRÖSSE: *40 cm x 40 cm oder 30 cm x 30 cm*

Das brauchen Sie:

(FÜR 1 KISSEN)

- 1 altes Strickkleid, -pullunder oder -jacke
- 1 alter Samt- oder Cordrock (für die Rückseite)
- Baumwoll- oder Futterstoff in der Grundfarbe des Stricks, 42 cm x 42 cm bzw. 32 cm x 32 cm
- 1 Nahtreißverschluss, farblich passend, 30 cm lang
- farblich passendes Garn
- 1 Federkissen, 40 cm x 40 cm bzw. 30 cm x 30 cm

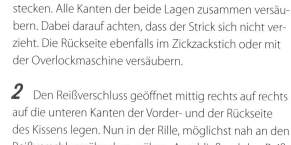

1 Das Strickquadrat links auf links auf dem Futterstoff stecken. Alle Kanten der beide Lagen zusammen versäubern. Dabei darauf achten, dass der Strick sich nicht verzieht. Die Rückseite ebenfalls im Zickzackstich oder mit der Overlockmaschine versäubern.

2 Den Reißverschluss geöffnet mittig rechts auf rechts auf die unteren Kanten der Vorder- und der Rückseite des Kissens legen. Nun in der Rille, möglichst nah an den Reißverschlusszähnchen, nähen. Anschließend den Reißverschluss ein Stück schließen und die Kissenkanten zusammennähen. Der Stoff liegt dabei rechts auf rechts. Man beginnt am Reißverschlussanfang und endet am Reißverschlussende. Das Kissen umstülpen und bügeln.

SO WIRD'S GEMACHT:

Zuschneiden

aus Strick aus der Vorder- oder Rückseite des Kleidungsstücks:
42 cm x 42 cm bzw. 32 x 32 cm (parallel zum Maschenlauf schneiden)

aus Baumwoll- oder Futterstoff:
42 cm x 42 cm bzw. 32 cm x 32 cm

aus Samtrock:
42 cm x 42 cm bzw. 32 cm x 32 cm

Tipp

Achten Sie darauf, dass die Ursprungstextilien nicht zu locker gestrickt sind, sonst wird die Verarbeitung zu schwierig.

DEKORATIVES & NÜTZLICHES 45

Verzierte Tischdecke

SCHWIERIGKEITSGRAD:

GRÖSSE (ÄPFEL):
8 cm x 8 cm; 9 cm x 9 cm; 10 cm x 10 cm

Das brauchen Sie:

SCHNITTMUSTER S. 62

- 1 Tischdecke mit Häkelspitze
- 1 alter Rock, kariert
- Bügeleinlage, mittelstark, 90 cm breit, 20 cm lang farblich passendes Garn

SO WIRD'S GEMACHT:

Zuschneiden

Den Stoff vorab mit Bügeleinlage verstärken. Die gewünschte Anzahl der Apfelapplikationen in den gewünschten Größen zuschneiden.

1 Die Apfelapplikationen auf der Tischdecke platzieren und mit mindestens zwei Nadeln feststecken.

2 Die Applikationen im Knopflochstich rundum aufnähen. Wenn die Krümmung zu stark ist, die Maschine stoppen, die Nadelspitze mithilfe des Handrads in den Stoff drehen, den Nähfuß heben und den Stoff justieren. Dann den Nähfuß senken und mit der Naht fortfahren.

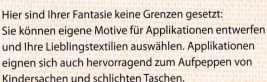

Tipp

Hier sind Ihrer Fantasie keine Grenzen gesetzt: Sie können eigene Motive für Applikationen entwerfen und Ihre Lieblingstextilien auswählen. Applikationen eignen sich auch hervorragend zum Aufpeppen von Kindersachen und schlichten Taschen.

DEKORATIVES & NÜTZLICHES

Nadelkissen oder Dekoblüte

SCHWIERIGKEITSGRAD:

GRÖSSE: *13 cm x 13 cm bzw. 10 cm x 10 cm*

Das brauchen Sie:

SCHNITTMUSTER S. 62/63

- 1 Seidentuch oder Stoffrest, 35 cm x 20 cm
- Bügeleinlage, mittelstark, 35 cm x 20 cm
- 2 Knöpfe, Durchmesser 1–2 cm
- farblich passendes Stickgarn
- Füllwatte
- farblich passendes Garn

SO WIRD'S GEMACHT:

Zuschneiden

Das Tuch oder den Stoffrest vorab mit Bügeleinlage verstärken.

2 x Dekoblüte, inkl. 7 mm Nahtzugabe

1 Die Blütenteile rechts auf rechts legen, ringsherum nähen und dabei eine Wendeöffnung lassen. Durch diese die Blume umstülpen. Die Blüte mit reichlich Füllwatte ausstopfen und die Wendeöffnung mit einigen Handstichen schließen.

2 Das Stickgarn in eine Nadel mit großem Öhr fädeln, den Faden doppelt nehmen und die Enden verknoten. Mittig die Blume durchstechen und die einzelnen Blütenblätter umstechen. Die Nadel immer wieder durch den Mittelpunkt führen und den Faden nach jedem Stich festziehen, damit Einschnürungen entstehen.

3 Anschließend einen Knopf mittig an Ober- und Unterseite annähen.

Tipp

Wenn Sie das Schnittmuster mit einem Kopierer verkleinern und auf der Rückseite eine Anstecknadel annähen, kann man damit im Handumdrehen einen schlichten Blazer aufpeppen.

DEKORATIVES & NÜTZLICHES   49

Wäschebeutel für die Reise

SCHWIERIGKEITSGRAD:

GRÖSSE: *44 cm x 56 cm*

Das brauchen Sie:

- 1 altes Herrenhemd, gestreift
- Webband, farblich passend, 2,5 cm breit, 2,20 m lang
- Bügeleinlage, mittelstark, 88 cm breit, 10 cm lang
- optional ca. 20 Knöpfe in zwei Größen für die Verzierung
- farblich passendes Garn

SO WIRD'S GEMACHT:

Zuschneiden

aus Vorder- und Rückteil:
2 x Vorder- und Rückseite, 44 cm x 58 cm, inkl. 1 cm Nahtzugabe (falls eine Brusttasche vorhanden ist, sollte diese 15 cm von der oberen Kante des Vorderteils entfernt liegen)

aus Ärmel rechts:
2 x Besatz, 10 cm x 44 cm, inkl. 1 cm Nahtzugabe

aus Ärmel links:
2 x Tunnelband, 8 cm x 44 cm, inkl. 1 cm Nahtzugabe

1 Die Knopfleiste an der linken Kante auf das rechte Vorderteil steppen, sodass sie nicht mehr geöffnet werden kann. Alle vier Kanten der Tunnelbänder je 1 cm nach innen bügeln. Das Tunnelband 8 cm von der oberen Kante und je 1 cm von den Seiten entfernt auf die Vorder- und Rückseite stecken. Die untere Kante der Tunnelbänder knappkantig absteppen. Das Tunnelband mittig bei 3 cm steppen.

2 Nun den Beutel rechts auf rechts mit 1 cm Nahtzugabe zusammennähen. Die obere Kante bleibt offen. Die Naht anschließend im Zickzackstich oder mit der Overlockmaschine versäubern und umbügeln. Darauf achten, dass die kurzen Seiten der Tunnelbänder nicht mit in die Naht gefasst werden.

3 Die Bügeleinlage mittig halbieren und damit die Besätze verstärken. Die Besätze rechts auf rechts legen und die kurzen Seiten zusammennähen. Die Nahtzugaben auseinanderbügeln und die untere Kante des Besatzes versäubern.

4 Den Besatz rechts auf rechts auf die obere Kante des Wäschesacks stecken und steppen. Den Besatz nach innen in den Wäschesack bügeln. Die obere Naht der Tunnelbänder steppen, dabei den Besatz mitfassen.

5 Das Band halbieren und mithilfe einer Sicherheitsnadel durch den oberen Tunnel der Vorder- und Rückseite führen. Das zweite Band durch den unteren Tunnel ziehen. Die Enden der Bänder verknoten.

6 Den Beutel nach Belieben durch Aufnähen unterschiedlicher Knöpfe verzieren.

Schnittmuster

Tasche mit Bambushenkeln, S. 6/7
(Schnittmuster auf 200% vergrößern)

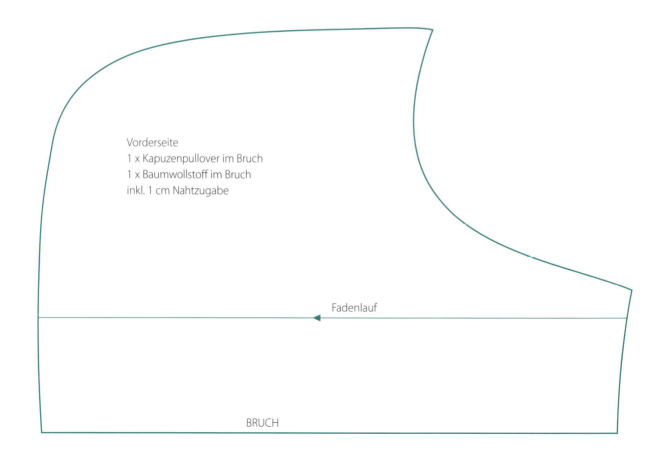

SCHNITTMUSTER *51*

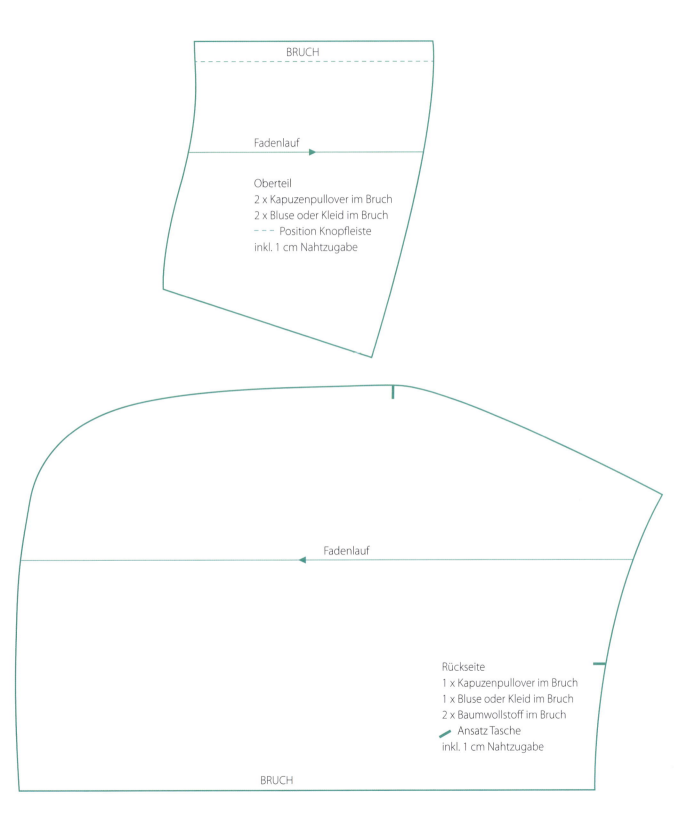

Jeanstasche im Retro-Look, S. 8/9

(Schnittmuster auf 200% vergrößern)

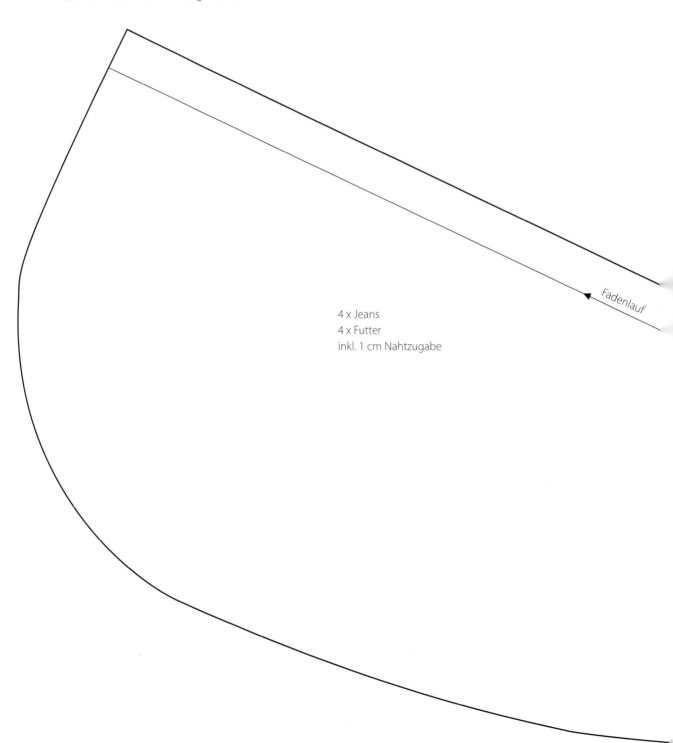

4 x Jeans
4 x Futter
inkl. 1 cm Nahtzugabe

Fadenlauf

Laptoptasche aus Friesennerz, S. 10/11
(Originalgröße)

Ankerapplikation
1 x Friesenhemd
1 x Bügeleinlage

SCHNITTMUSTER

Bahnenrock aus Vorhangstoff, S. 18/19

(Schnittmuster auf 200% vergrößern)

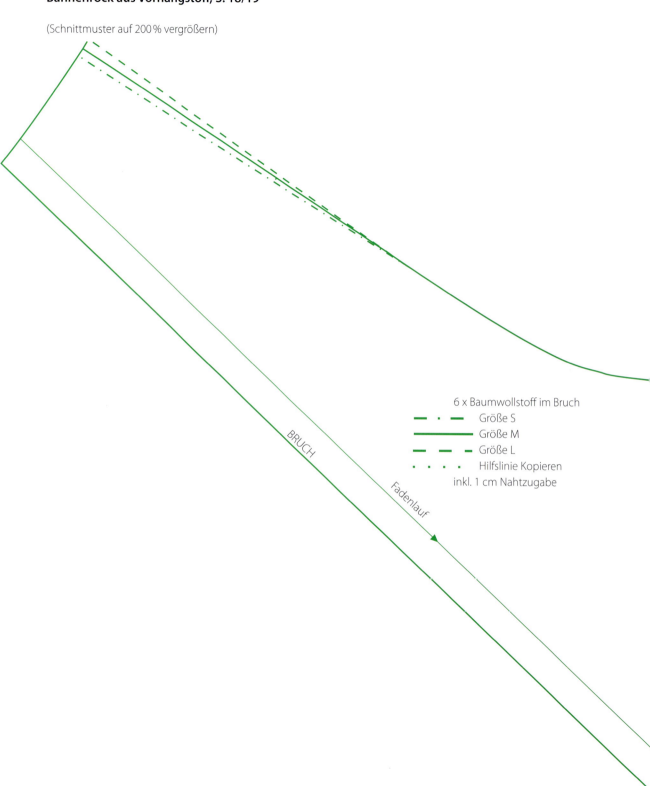

6 x Baumwollstoff im Bruch
— · — Größe S
——— Größe M
— — — Größe L
· · · · · Hilfslinie Kopieren
inkl. 1 cm Nahtzugabe

SCHNITTMUSTER

Fröhliche Steckenpferde, S. 22/23

(Originalgröße)

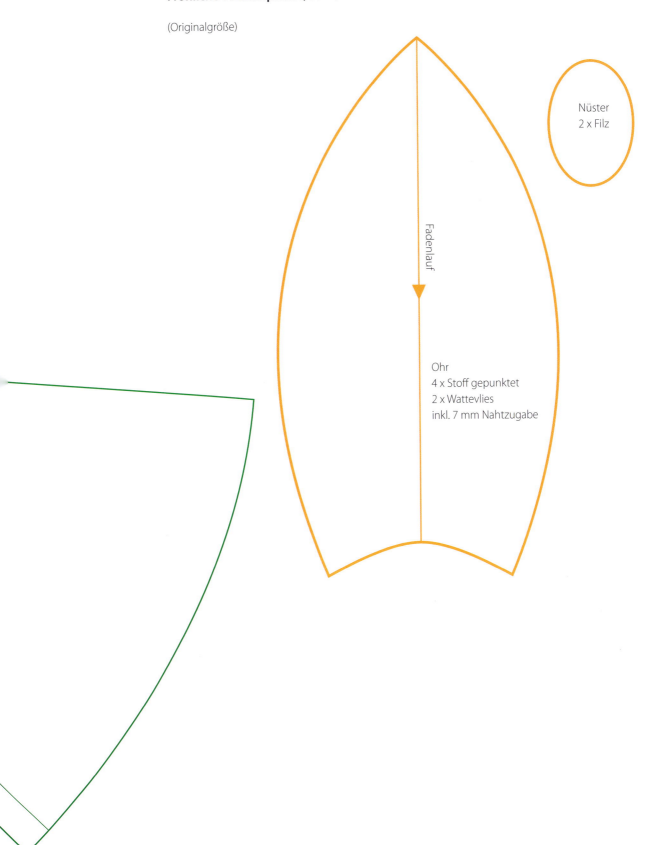

Hängerchen aus Mamas Kleid, S. 24/25
(Schnittmuster auf 200% vergrößern)

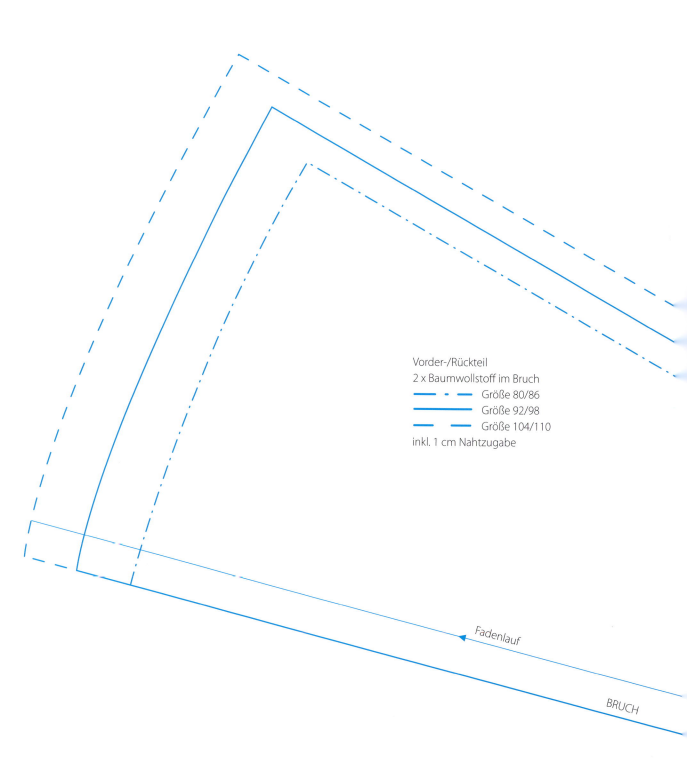

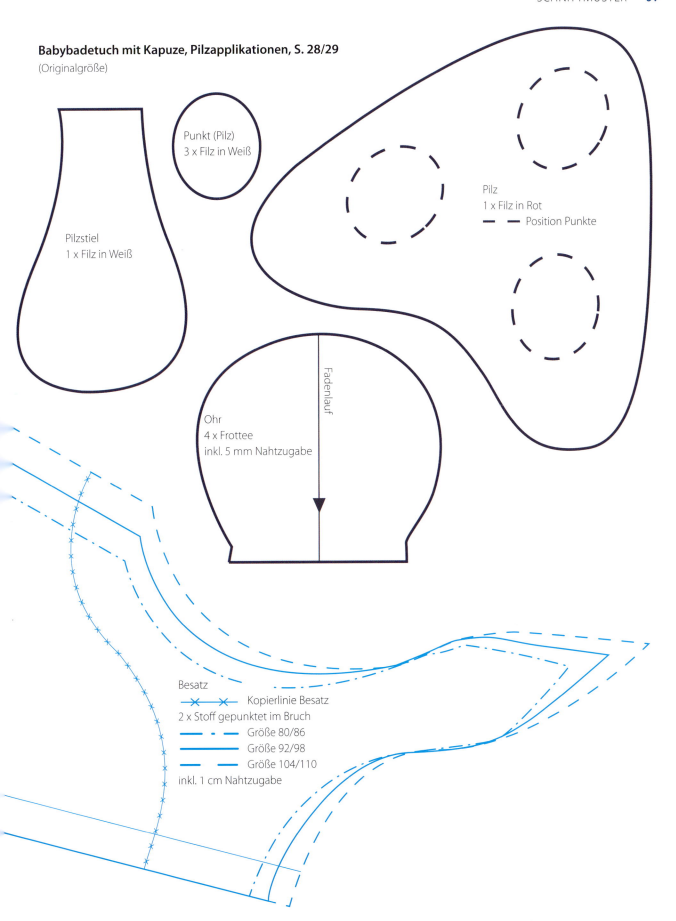

58 SCHNITTMUSTER

Niedliches Mäusemäppchen, S. 32/33
(Originalgröße)

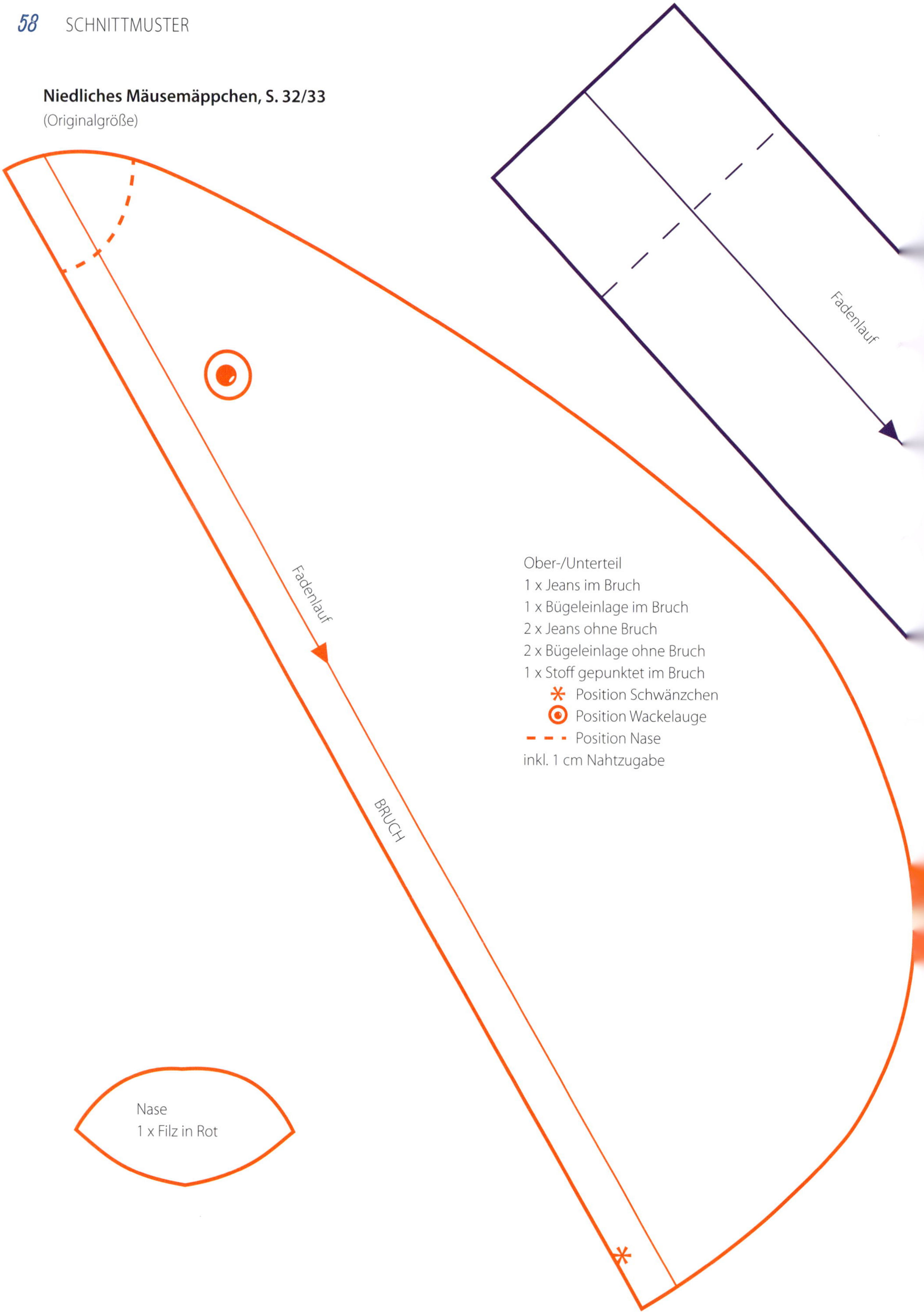

Fadenlauf

Fadenlauf

BRUCH

Ober-/Unterteil
1 x Jeans im Bruch
1 x Bügeleinlage im Bruch
2 x Jeans ohne Bruch
2 x Bügeleinlage ohne Bruch
1 x Stoff gepunktet im Bruch
✳ Position Schwänzchen
◉ Position Wackelauge
– – – Position Nase
inkl. 1 cm Nahtzugabe

Nase
1 x Filz in Rot

SCHNITTMUSTER 59

Vasen mit Lieblingsmuster, S. 34/35
(Originalgröße)

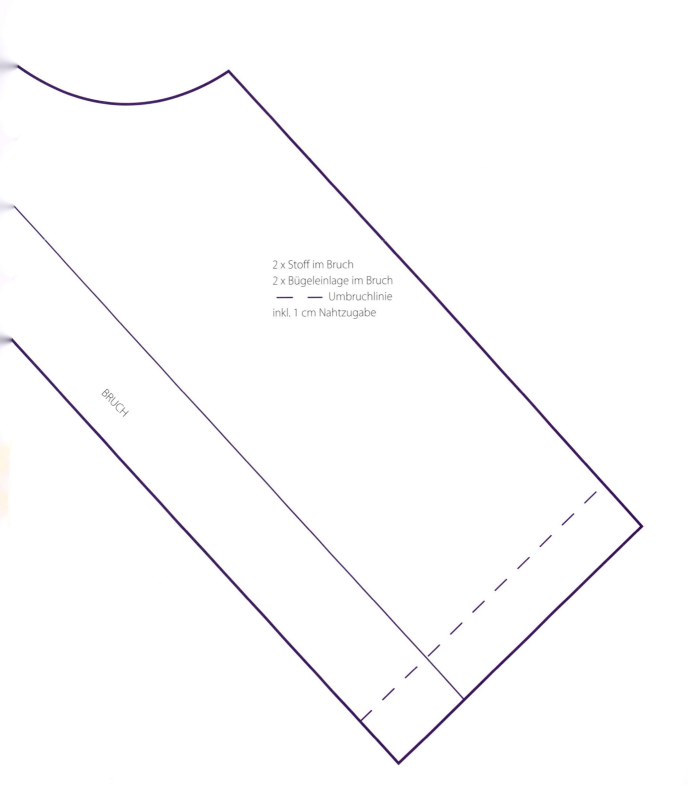

2 x Stoff im Bruch
2 x Bügeleinlage im Bruch
— — Umbruchlinie
inkl. 1 cm Nahtzugabe

BRUCH

Windlicht mit Spitzenborte, S. 36/37
(Originalgröße)

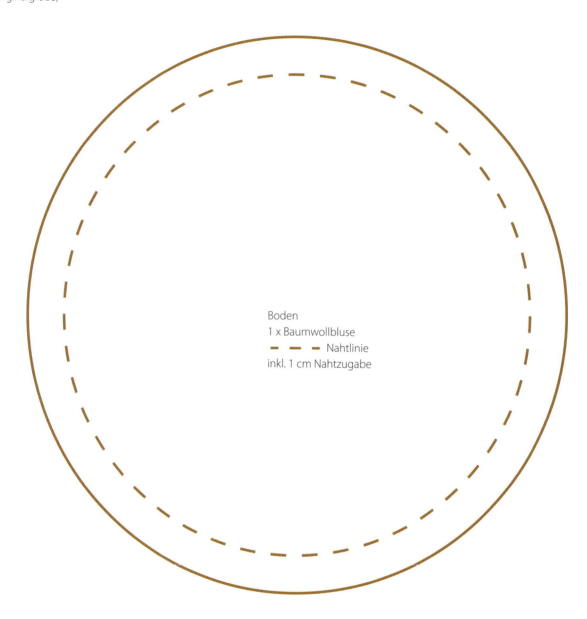

Boden
1 x Baumwollbluse
– – – Nahtlinie
inkl. 1 cm Nahtzugabe

Schönes Küchen-Utensilo, S. 38/39
(Originalgröße)

SCHNITTMUSTER *61*

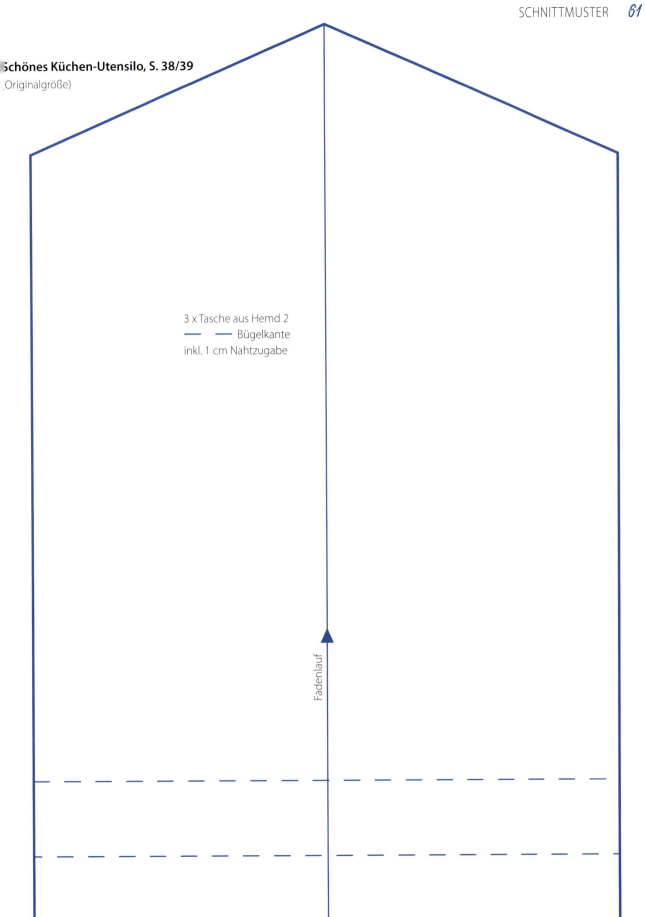

3 x Tasche aus Hemd 2
— — Bügelkante
inkl. 1 cm Nahtzugabe

Fadenlauf

62 SCHNITTMUSTER

Verzierte Tischdecke, S. 44/45
(Originalgröße)

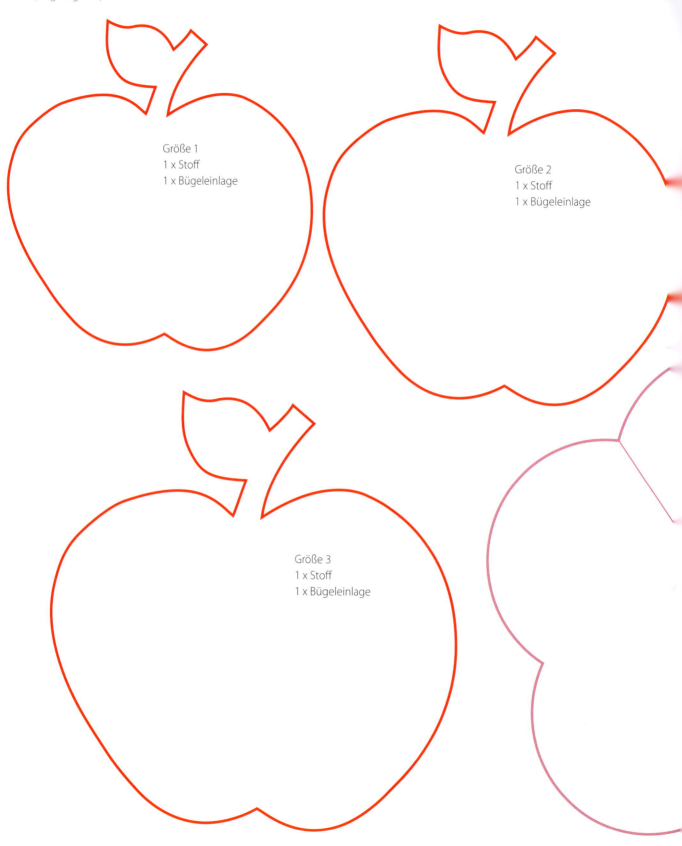

Größe 1
1 x Stoff
1 x Bügeleinlage

Größe 2
1 x Stoff
1 x Bügeleinlage

Größe 3
1 x Stoff
1 x Bügeleinlage

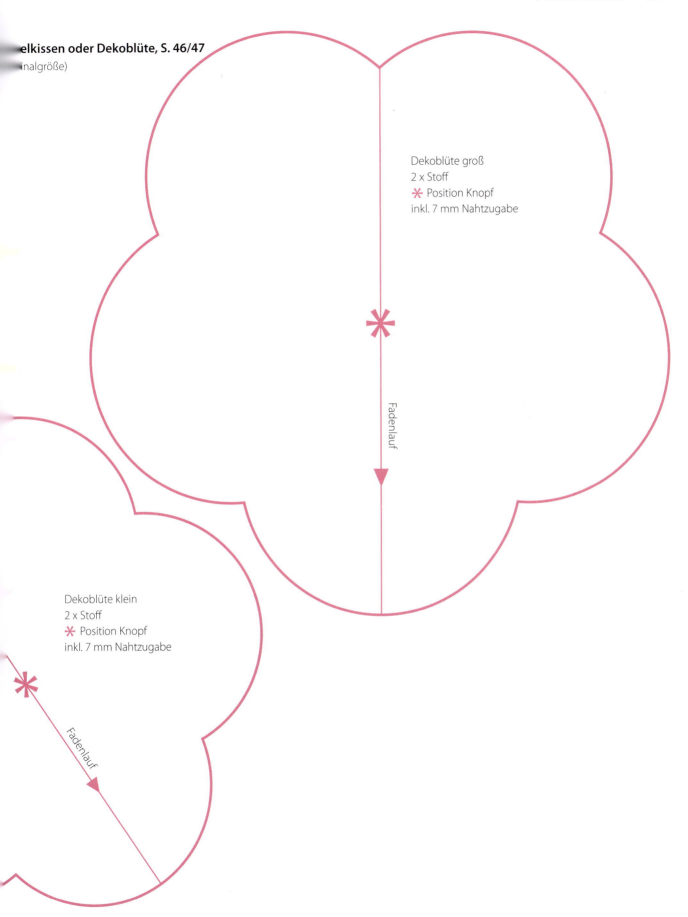

IDEEN, MODELLE, UMSETZUNG UND TEXTE:

Rabea Rauer und Yvonne Reidelbach

Nach ihrem Modedesign-Studium arbeiteten die Autorinnen zunächst für verschiedene Mode-labels im Bereich Design und Schnittmuster. Während ihrer gemeinsamen Tätigkeit als Dozen-tinnen an einer privaten Modeschule fassten sie den Plan, ein Nähcafé zu eröffnen – und setzten diesen mit der „kinkibox" in Berlin Friedrichshain in die Tat um. Nähbegeisterte finden dort jede Menge Möglichkeiten, sich kreativ auszutoben. Rabea Rauer und Yvonne Reidelbach stehen dabei mit Rat und Tat hilfreich zur Seite – ob beim Umsetzen eigener Ideen oder während der zahlreichen Nähkurse zu aktuellen Trendthemen. Die detailverliebt und mit gemütlichen Sofas und Sesseln eingerichteten Räume der kinkibox laden nach dem Nähen bei Kaffee und Keksen zum Plaudern aus dem Nähkästchen ein.

www.kinkibox.de

FOTOS UND ILLUSTRATIONEN:

Ullrich Alber: alle Modellfotos

Hendrick Kranenberg: alle Illustrationen Kleidung

Fotolia.com: © RoyStudio (Stoffhintergrund Überschriften),
© RainLedy (Garnrolle Schwierigkeitsgrad)